"가까이 못 가서 미안합니다"

시현실
시인선
0 1 8

"가까이 못 가서 미안합니다"

이보영 시집

도서출판
예맥

시인의 말

2021년 5월『시와 창작』을 통해 등단하고서 이제, 3년 만에 첫 시집 "가까이 못 가서 미안합니다"를 출간하게 되어 먼저 하나님께 감사를 드립니다. 아울러 문단에 관계된, 목회에 관계된, 사회적으로 관계된 모든 분께도 너무 감사를 드립니다.

일찍이 원로 조병화 시인은「인생은 큰 안개이다」에서 "시 또한 짙은 안개가 아닌가, 답이 없는 세계, 답이 있을 수 없는 세계, 그 안개 같은 실체를 지금 더듬고 있는 거다"라는 말과 같이 그 안갯길 같은 이 길을 새롭게 태어나는 심정으로 한발 한발 가고자 합니다.

특히, 본 시집 "가까이 못 가서 미안합니다"는 인생을 통해서 보고, 느끼고, 깨달은 것들을 써 내려간 지난 세월의 아름다운 추억들이 스며들었고 또 녹아 있다고 봅니다.

이제, 보다 진솔하고 뜻깊은 글을 쓸수 있도록 마음의 준비와 읽는 모든 이들의 가슴을 적시는 공감대가 밀려오는 글로 대하고 싶습니다. 감사합니다.

2024년 여름날에

李 普 英 드림

| 차례 |

| 시인의 말 |

제 1 부

언제나 오늘이었으면

바람 부는 날 *13*
그냥 좋아 *14*
언제나 오늘이었으면 *15*
잊지 못해 *16*
하이얀 마음 *17*
향수 *18*
가까이 못 가서 미안합니다 *19*
기다리는 마음 *20*
좋은 마음 *21*
아픈 사랑 *22*
행복한 하루 *23*
첫 사랑 *24*
황혼에 *25*
In Twilight of Life *26*
복 받은 날 *27*
동반자 *28*

제2부

겨울 눈 꽃이 피다

기다림 *31*
겨울꽃 *32*
소망 *33*
봄꽃 *34*
겨울 눈꽃이 피다 *35*
추운 계절 *36*
겨울의 문턱 *37*
옛 생각 *38*
비오는 아침 *39*
소낙비 *40*
행복한 계절 *41*
계절의 흐름 *42*
봄 소식 *43*
천둥! *44*

제3부

추억의 경포대

언제나 그 자리에 *47*
고향 *48*
이웃 사랑 *49*
추억 *50*
두물머리 *51*
좋은 날 *52*
추억의 경포대 *53*
새 계절 *54*
기대 *55*
새 생명 *56*
멋진 계절 *57*
봄의 아침 *58*
Spring Morning ! *59*
아까시아 꽃 필 때 *60*
라이락의 계절 *61*

제4부

푸른링의 단상

제비꽃 65

6월의 아침 66

전철에서 67

역사 강의실에서 68

가을이 오면 69

만추 70

한여름에 71

젊은 사관의 시작 72

마음과 바램 75

푸른 링의 단상 76

풍요로운 계절 77

5월의 향기 78

향연! 79

시해설 *81*

제 1 부

언제나 오늘이었으면

바람 부는 날

세월을 삼키고
그리움에 잠길 때
못다 핀 정이
바람 되어 찾아오네

철지난 그리움이
나를 흔들어
그댈 향한 나의 아픔
가슴 적시지만

지난 속삭임
마음에 가득하고
못다 핀 사랑
아쉬움 가득하네.

그냥 좋아

비를 좋아하는 그대
왜 비를 좋아하는지 물으면
그냥 시원해서 좋아

흰눈을 사랑하는 그대
왜 흰눈 좋아하는지 물으면
그냥 기쁨 주어 좋아

님을 흠모하는 그대
왜 님을 좋아하는지 물으면
날 사랑해 주심이 좋아

언제나 오늘이었으면

아픔 이겨 낸 그 날처럼
다시 힘 얻은 날이
언제나 오늘이었으면 좋겠네요

장마 걷힌 멋진 하늘처럼
새로움과 도전이
언제나 오늘이었으면 좋겠네요

가을 낙엽이 딩굴림처럼
흘러간 세월이
언제나 오늘이었으면 좋겠네요

엄동설한 이겨낸 날처럼
걱정 없는 행복이
언제나 오늘이었으면 좋겠네요

잊지 못해

정 때문에 오늘을 살고
내일을 기약하는 우리
모든 걸 내려 놓아도
언제나 제자리에 머물지

정 때문에 내일을 살고
미래를 기약한 너와 나
모든 걸 내려 놓아도
언제나 제자리에 머물지

하이얀 마음

1. 눈 내려 세상 밝아
   행복함이 가득
   오늘은 추억 생각
   꿈속의 아름다운
   그 날들이
   든든한 인생 되어
   내 마음에
   하이얀 눈 내리네

2. 눈 내려 마음 밝아
   온 세상 내 것일세
   지난날 잊혀졌던
   아름다운
   꿈 속의 그 날들의
   그리움 속 못 잊어
   내 인생 행복 속에
   기쁨의 눈 내리네

향수

싱그러운 아침에
세월이
너무나 빠르다고 느껴져
자꾸만 계절을 넘어
시간이 더 소중하고
마음에 형용할 수 없는
그리움이 가득하네요
아름다운 봄날에
그댈 향하는 그리움이
그 어느 때 보다 밀려오네요

가까이 못 가서 미안합니다

행복이란 보는 것만 아닌거죠
가까이 못가서 미안합니다.
용기를 못내고 능력이 없어서
그냥 바라만 봐서 미안합니다.

가진 것 없고 능력도 없고요
잘 난것도 없어서 미안합니다
용기도 못내고 능력이 없어서
모든 것이 부족해 미안합니다

기다리는 마음

어제 비내려 봄 온 듯 하지만
아직은 아니네요
오늘 따라 영하의 날씨
살을 에이는 듯 하지만
아직은 겨울의 끝자락 이랍니다.

새봄을 기다리듯
험한 세상 말세인 듯 하지만
아직은 아니네요
그래도 믿음의 형제들 있어
빛과 소금의 역할로
위안이 되고 힘이 생깁니다.

좋은 마음

1. 늘 좋은 마음으로
세상을 살고 싶다
모든것 맘에 담고
더 멋진 삶을 위해
베풀며 행복 하자

2. 늘 함께 웃음속에
세상을 살고 싶다
온갖 것 이해하며
내일의 행복 위해
나누며 축복하자

아픈 사랑

생각할수록
마음이 너무 아파
못다해준 모든 것들이
아련한
지난날이 무지개 피네

모든 것이
그렇듯 지난 추억이
아름다워
다시 그런 사랑 없겠지
그리운 내사랑…　　^.^ ♥

행복한 하루

1. 영혼에 용기를 준 그대
   힘들 때도 함께 한 나날
   그때의 생각 되 짚으며
   아련함이 꽃피오르니
   오늘 덕분에 기쁨 가득
   꿈만같은 행복한 하루

2. 마음에 새 힘을 준 그녀
   어려울 때 함께 한 날들
   그때의 생각 되 짚으며
   오늘도 그 행복 속에서
   내일 생각하며 기쁨에
   꿈만 같은 행복한 하루

첫 사랑

언 땅에
생명의 생기를 주어
새롭게 변하는 들판.

따뜻한 춘풍(春風)
봄 이기는 겨울 없어
살랑 살랑 생기주는 봄 바람.

이맘때면
꿈속에서 보일 듯 말듯
엇그제 같던 세월 속에
추억에 잠기지만
아침 안개처럼 사라지네.

황혼에

1.
마음에 용기를 준 그대.
힘들때도 함께 한 믿음
오늘도 덕분에 기쁨 가득
행복한 하루 마무리 하죠

2.
나에게 정을 다해준 그대
언제나 한결같은 귀한 사랑
오늘도 덕분에 기쁨 가득
황혼의 하루도 즐겁게 가네.

In Twilight of Life

1.
You invigorated my soul to have courage
with faith in me while going through hard times
Thanks to you, feeling great joy of life
I can finish my day in happiness today

2.
You gave me all your sincere affections
with the heart always unfailing
Thanks to you, feeling great joy of life
I can enjoy my day delightfully in twilight of life.

복 받는 날

가을이
익어갈 즈음
새들이 지져귀는
아침 멜로디

오늘이
그분을 만나는
복된 날이라고
알려주는 듯

사랑하고
은혜받고
성령 충만으로
축복의 날이다.

동반자

살면서
한치 앞 가누기 힘들어
언제나 삶은
매사에 조심

그대는
이 생명 끝까지
영원한 버팀목이네

늘 지켜주고
보듬어 주는
아름다운 그대여

제2부

겨울 눈꽃이 피다.

기다림

아침부터 내리는
조용한 빗소리 들으며
안개 속 헤매이 듯
허공을 응시해 본다.

두 눈에 어리는
새해의 결심한 일들을
하나 하나
되짚어 보면서

한해의
모든 것에 풍요로움과
소망의 꿈으로 새로워지기를
봄비 기다리는 마음으로...

겨울꽃

하얀 눈이 쌓이는 들판
육각형 결정이 펄펄 춤을 춘다.
온 산천 흰옷으로 갈아입고
삭풍이 몰아치는 겨울밤
나뭇가지 사정없이 흔들린다.

은막에 덮인 들녘
얼음 밑 흐르는 봄의 소리
고즈넉히 눈오는 밤
강물 흘러 머물 곳 찾아
말없이 흘러간다.

소 망

소망은 우리들의 갈망.
사람의 믿음과 신뢰
겹겹히 쌓아 가는 우리들의 바램
사람들이 계명 지켜가며
이 보다 더 좋으리.

봄 꽃

봄꽃은 나의 마음
깨끗하고 아름다움을 피워
마음속 나의 모습
가는 곳마다 사랑으로 이루어
봄꽃 피는 마음
온전하게 마음속 향기
사랑으로 품어나네.

겨울 눈꽃이 피다

선자령 굽이굽이
온 산 눈 덮힌

나뭇가지마다
 소담하게 핀꽃이

서로 경쟁하듯 아름답게
꽃단장 뽐내며

세상을 꽃피울 때
어둠과 절망도 사라지고

환희의 합창으로
더 없이 행복한 기쁨의 꽃.

추운 계절

작은 오해가
한겨울 추위에
산과 강 얼듯
너와 나의 마음 아파
뼈아픈 세상 만들지만

넓은 마음과
뜨거움 가득 채워
일찍이 없던 사랑과
봄 향기 가득 함으로
무지개 빛 행복 함께 해요,

겨울의 문턱

나뭇가지 마다 앙상하다.
겨울이다.

차거운 바람불면
단풍잎 바람에 바스락
거리마다 날려 뒹군다
먼곳을 향하여
이별을 고한 떨군 잎들
보내는 마음 아프지만
때를 기다린다.

봄 되면
세상을 향해
다시 찾아올 날을 기대해...

옛 생각

겨울이 오면 하이얀 눈속에
지난 수 많은 날들을 돌아보며
동생들과 행복한 이야기 꽃 피운다.

꽁꽁언 개울가의 추억 속에
얼음낚시, 한발 썰매 타기
얼어 튼볼과 손발 녹이던
아련한 생각들을 떠올린다.

늦은밤 살얼음 얹은 고염을 할머니가
장독에서 갖다 주시던 달콤한 맛도
겨울밤에 되새겨 본다.

비오는 아침

소리 없이 비가 내린다.
시냇물이 화답한다.

우리의 인생 삶도 나그네처럼
정처 없이 떠돌아다닌다.

비는 모든 생명수 감로수다.
물이 없다면 인간의 삶이
결코, 존재하지 않는다.

소낙비

여름에 찾아온다
그것도 갑자기 부어 내린다.
슬픔과 기쁨 모든 것 잊으라고
하늘이 준 선물
마음마저 시원하게 하네.

불청객은
세찬 힘으로 찾아온다.
응원과 동행의 함성이며
고난과 역경 이겨내라고
허전한 심장이
다시 우뚝 설 수 있다네.

행복한 계절

해마다 찾아온 여름은
누구에게나 행복과 낭만을 담아
우리들의 곁으로 찾아온다
이 시기는 항상 낭만이 가득해서
눈망울 열린 마음을
들뜨게 하고 기대 속에
행복하게 만드는 것이 좋다.

우리에게 찾아온 이 계절은
기대가 큰 만큼 행복도 크고
누구에게나 힘이 되고 행복이다
모두에게 꿈이 가득가득
기쁨과 행복을 만든다.

계절의 흐름

새 계절이 오고 있다

겨울마저 붙잡을 듯
산골짜기 눈꽃 속에
나뭇가지 마다
꽃망울 터뜨리는
봄꽃들

노랑, 분홍색으로
한껏 부풀어 입은
새 색시 옷깃과 마음에
봄이 펴지네

봄 소식

봄비 내려
처마 끝 물방울 뚝뚝
봄이다
개울가 버들 강아지
꽃망울 튀워
봄 소식 알리고

끝나지 않던 겨울
바람꽃과 함께
새 계절 만들어
온 대지 생명의 꽃
서서히 얼굴 내밀며
봄의 소식을 알린다

천 둥

집중호우 속에
물찬 장대비 내리더니
번개 치고
우레 속에
세상을 삼킨다.

잊혀진 못된 일이
회오리 바람으로
창문을 두드린다.
다짐과 함께
앞으로 잘 살아야지
여린 마음을 삼키네

제3부

추억의 경포대

언제나 그 자리에

1. 마음에 변함 없고
   함께 하는 그대여,
   언제나 그 자리에
   오늘도 같이 가는
   끝이없는 여정길
   덕분에 기쁨과 행복
   두배라 생각하네요.

2. 생각에 변함 없이
   같이 가는 그대여,
   언제나 그 자리에
   앞날도 한결 같이
   끝이 없는 우리길
   뜨거운 열정과 사랑
   두 배라 생각하네요.

고 향

아카시아 향기
가득한 계절
매년 이 맘 때
가고픈 곳.

추억과 기쁨
행복의 덩어리
평생 잊지 못해

모든 것
품고 채워주는
가고 싶은 정든 내 고향.

이웃 사랑

주린 이웃들 이 겨울철
차거운 냉기와 고통없이
편안하고 등이 따습도록
넉넉하지 않치만 모두 살펴
행복 속에 살게 하옵소서

없는 이웃들이 엄동 설한
어려움에 발 동동 굴리네
서로가 십시일반 사랑 속에
넉넉하지 않치만 모두 살펴
불평 없이 살게 하옵소서

힘든 이웃들이 찬바람에
이 겨울 추위를 이기도록
이웃이 조금씩 사랑 속에
넉넉하지 않치만 모두 살펴
기쁨으로 살게 하옵소서.

추 억

메마른 대지에
봄비 내려와
조용히 내 마음을
적시네요.

잊었던
첫사랑의 아련함이
오늘 더
사무침이 아리게
밀려오지만,

다 지나간 일
잊으려 해도
봄이면
다시 피어나곤 하네요.

두물머리

바람 부는 날 그곳에 간다.
북한강 남한강 합류해서
정답게 흐르는 강물
석양의 햇살 물비늘 일어
반짝이는 강가에서
흐르는 세월을 보네.

되돌릴 수 없는
지난날 이별의 아픔과 고통
인연의 기쁨과 행복 교차 속에
까페 창가에 앉아 커피와
석양의 일몰을 바라보며
인생의 추억을 반추하네.

좋은 날

바람불어 좋은 날
모든 세월 삼키며
님 그리워 잠길 때
못다 핀 정 생각에
가슴에 눈물 젖지만
마음 비울 때
바람이 찾아 지네

그댈 향한 나의 그리움
꽃바람과 함께
나의 귓가에 행복의 소리
마음에 가득하네
우리
꽃비내리는 날에
만나요.

추억의 경포대

그대와 함께한
꿈과 낭만이 넘치고
푸른 파도 소리 넘어
하늘과 맞닿는 곳
구름안개
가득하네

그대 눈 안개꽃 피었고
하늘 파랗던 그날
미래를 속삭이며
맨발로 두 손 잡고
고운 모래 위를 걷던
다시 가고픈 바닷가

새 계절

만물이 소생하고
새로움을 시작하는
설레이는 계절

온 산천에
향기 가득한 봄나물과
봄꽃이 만발하는 가운데

아름다운 대자연의 향기
가득 채워
새 세상으로 변하고

밤이면
빛나는 별들
동화의 세계로 향해간다.

기대

소한, 대한, 다 지난 아침
이제 봄을 그려 봅니다
엄동설한 추위와 바람 등
겨울의 긴 터널이
얼마 남지 않아
기쁜 소식을 기다려 봅니다.
입춘, 새봄 임박한 오후
그 나름 따뜻함 속에서
긴 겨울의 추위는
이제 막바지 다달은 느낌
마음을 가볍고 들뜨게
만들어 주는 군요.

새 생명

엄동과 침묵의 터널을
건너온 거지
찬바람을
이겨낸 승리의 모습
저마다
온 힘 다하여
생명이 살아 있음을
알리며

아픔과 응달의 세월을
지나온 궤거는
이제, 온 세상 봄꽃들로
은은한 향기를 선물한다.

멋진 계절

만물이 소생하고
새로움을 시작하는
설레이는 계절
온 산천에
향기 가득한 봄나물과
봄꽃이 만발하는 가운데
아름다운 대자연의 향기
가득 채워
새 세상으로 변하고
밤이면
빛나는 별들
동화의 세계로 향해간다.

봄의 아침

산골짜기 잔설이 녹아
흔적도 없는 계곡마다
겨울잠에서 기지개 핀다.

봄 입은 계곡에
햇살 받아 무지개 빛
아지랑이 피어나고

행복한 계곡물 연주에
영롱한 아침이 열린다.

내일의
생명이 약동하는
새 하루를 펼친다.

Spring Morning

After the remaining snow is all gone
the mountain valleys stretch themselves out
waking up from winter sleep

In the valleys full of spring
a shimmering haze is made by light
in the color of rainbow

The morning bright and beautiful comes
with the sounds of valley water playing happy songs

Promising a new day
throbbing with life
for the future

아까시아 꽃 필 때

상큼한 향기가
온 동네에 가득하고
봄이 절정으로 갈 때
분위기 아주 깊어
모든 것에 흘러넘치네.

내 삶도
그 꽃처럼
얼마나 풍성해야 할지?

올해도
눈부시게 아까시아 꽃 필 때면
멋진 희망의 꿈을 키운다.

라일락의 계절

5월의 라이락 필 때 면
앞마당에
나를 향해 우뚝 서서
온통 진동하는
그 달콤한 향기에
취해서
잊고 있었던
어릴 적
첫사랑의 시리고 아픔
보라빛 편지 가득한
아련함에
지난날의 추억에 빠져 봅니다,

제 4 부

푸른 링의 단상

제비 꽃

봄이 왔다.
산골짜기 잔설이 남아 있는데
나뭇가지마다 봄소식 알리며
멋진 제비꽃들의
생일잔치가 펼쳐진다.

지난 계절과 이별하고
앞산 뒷산 골자기마다
미소 짓는 제비꽃은
나만 생각하는 열정으로
부픈 가슴 속에 담아
봄맞이 가자 하네

6월의 아침

녹음이 보다 짙어진 계절
이젠 여름을 향해 가지요
많은 변화와 새로움 가득
채워 이 멋진 계절에
함께 아름다운 추억 만들어요

이때쯤 지난 세월의 정과
생각이 깊어지는 계절이지요
여름을 향해가는 시계추
새로운 계절의 향기 속에서
가슴 벅찬 그리움 피어나네요

전철에서

오늘은 전철을 타본다
금요일 전철 안은 한가롭다
승객이 많치 않은 오후
전철 안은
한가롭다.

앉아서 가는 남녀노소 핸드폰 손놀림
역마다 정차 제 시간 맞춰 승객이 내리고 타고
오늘 하루 나도 내리고 타고
전철 안은 말이 없다.

역사 강의실에서

지나갔던 세월의 경험들과
이어진 질문과 웃음 속의 답변
길어진 강의 순간 순간들
또 질문과 대답 속의 웃음들.

강의 열중하다
느닷없이 질문 후 대답 없으면
학생들 속마음을 안 듯,

내가 대신 던진 한마디
"네가 말해봐" 이 말을 하면
전체 웃음 폭발하죠

가을이 오면

가을이 무르익어 가는
요즘이 너무 멋지네요
그 멋짐이 또 하나의 추억
되어 마음에 새깁니다.
오늘 따라 이곳 하늘이
다른 하늘 같이 느겨지네요
가을이 모든 것을 아름답게
보게 하고 구하게 만드네요

내 가슴에 보석되어
영원한 추억으로 남는다.
모든 것을
아름답게 바라 보게 하고
귀하게 만든다
오늘따라 그 하늘이
다른 하늘 같이 느껴지네요

만 추

코스모스 하늘 하늘 춤을 춘다
새들의 합창 소리 풍요로운 가을
천고마비의 계절 풍요의 만추
온 산 붉은 단풍잎으로 타들어 간다.

들녘의 고개 숙인 벼들의 자태
꽃들도 넘실 넘실 춤을 추며
형형색색 아름다움의 계절
결실을 우리한테 즐거움 반겨준다.

한 여름에

뜨거운 날
한 벌의 여름살이 흩날리며
청량계곡에 발 담고
흘러간 날들을 의미해 본다.
모든 것이 순수했고
아름다움에 희열이 있고
뜨거운 열정으로 달군
행복의 덩어리였네

앞날에도
더 밝고 아름다운 일들만
가득 가득 채워 지고
복된 삶의 의미로 살찌워 지기를
마음 속에 담아 보면서
낭만적 꿈을 꾸어 본다.

젊은 사관(ROTC)의 시작

72년 대학 3학년 2월 하순경 부터 시작이다.

먼저, 머리부터 아주 짧게 하고 사복 정장 대신에 대학생 교복은 물론 푸른 군복에 작대기 세 개(3학년)에 군모 쓰고 사관후보생 교번 159번이 불려졌다.

대학 3학년 3월 초, 입단 하기 전 1-2주간 특별 훈련을 받는다. 사실, 말이 훈련이지 기압이나 벌 받는 느낌의 기간을 보내고 나서야 제 125학훈단 단장을 모시고 입단을 신고 하므로써, 정식 학훈단 사관후보생이 된다.

당시는 ROTC복무가 사병복무기간보다 약 6개월정도 짧고 사회진출에 있어서 여러점에서 유리할 뿐만 아니라 학생들 사이에서도 선망의 대상이었다. 학업성적은 물론 신체조건도 건장해야 했으며, 집안의 신원조회에서 사상도 검증되어야만 ROTC로 선발되어 합격할 수 있었다.

특히, 군 복무를 마치면 대기업의 취업에 가산점 등 우선권을 주었으며 그뿐만 아니라 군 복무한 년 수 만큼 호봉에 산정되어 대학 졸업 후 바로 취업한 이들과 동등한 대우를 받았다. 특히, 결혼시에도 이미 검증된 남자로서 신랑감으로 호평을 받기도 하였다.

그 훈련의 과정을 살펴보면, 1년차 시기(3학년)에는 제식훈련, 총검술, 독도법 등 각종 전술을 연마하게 된다. 이후 7월 첫 하계야영훈련을 앞두고 단독군장 5km행군과 태권도 등 체력단련으로 정신적, 육체적 철저한 준비를 한다. 이

당시 우렁차게 단체로 불렀던 군가로 『장교가』는 " 우리는 젊은 사관 피끓은 장교단 저 하늘 푸른 창공에 나르는 솔개 ... " 정말 아련하다.

여름이면 뜨거운 날씨에 하계 야영훈련에서는 4주간 내무생활 속에 총검술, 각개전투, 유격훈련, 사격훈련, 화생방, 야간 행군 등 엄격하고 엄중한 훈련을 받고 왔다. 이때 4주 훈련으로 흰 얼굴들이 검게 탄 숯덩이 얼굴로 변하게 되고, 매일 정량 식사와 알맞은 운동으로 정말 진짜 사나이로 태어나게 된다.

이후 늦가을에는 관구사령부 훈련 측정으로 개인 및 단체의 각종의 훈련숙지 사항을 실기로서의 평가를 받게 된다.

2년차(4학년)에는 하계 병영훈련에서 분대공격술, 완전군장 10km 행군, 유격훈련 등을 보다 강도 높게 훈련을 하면서, 앞날의 소대장으로써의 품성도 다져 나가는 시기가 된다.

2년차 마지막 때는 관구사령부 주관하에 개인 및 단체에 훈련측정을 보다 더 엄밀히 받게 된다. 이 측정 후 임관 고시는 1년차와 2년차에 있어서 여태까지의 각종 전투 전술을 이론적으로 측정을 하게 되는데, 만약에, 성적이 미달이 되면 하사관으로 떨어지게 된다.

이후 마지막으로 임관 전, 앞날의 장교로서 신체검사를

통과가 되면, 병과를 선정 받게 되고 군번도 받아 1972년 2월 20일 대한민국 육군 소위로 임관하였다.

마음과 바램

마음이
수많은 생각들로 가득하지요.
무엇을 해야 할지
무엇을 만들어야 할지
어떻게 살아가야 할지
이렇듯 다양한
생각으로 가득 차네요.

바램은
수많은 요구로 가득하지요.
무엇을 들어야 할지
무엇을 말해야 할지
어떻게 맘 먹어야 할지
이렇듯 모두가
다양한 욕구를 원하네요.

푸른 링의 단상

더 찬란히 빛나는 2022년!
ROTC 임관 50주년 맞이하는 해
1972년은 젊은사관으로써
국토방위 최일선 전후방에서
귀한 사명 감당하던 푸른 링의 동기들.

오늘 따라 우리 모두는
자랑스럽고 뿌듯한 행복이 마음속에
얼룩진 땀방울과 5만촉광의 다이아 몬드.
그간의 많은 생각들이 교차 하는 날이다.
하기사, 너무 오랜 만에, 마주 대하니
그것도 장장 50년 만의 모임이기에
반가우면서도 아쉬움만 많이 남는
지난 세월이 주마등처럼 지나가네.

풍요로운 계절

봄에 씨 뿌려
여름 땀 흘려 가꾼
들녘에는 황금으로 색칠한
벼들이 고개 숙여
농부들의 손길을 기다린다.

감나무 열매
주렁 주렁 빨갛게
까치밥으로 새들과 공생
아 가을은
천고마비의 계절이여

5월의 향기

아카시아 천리향 되어
향기도 그윽하다.
5월은 계절의 여왕
들녘에는 야생화 만발하여
길을 걷다보면 우리한테 웃음을
선물한 아름다운 마음
모든 이 채워주는 풍성한
행복을 만끽하는 5월은 포근하고
어머니 같은 계절이다.

향 연

봄을 알리는 계절의
변화는 만물의 소생과
온 자연의 움틈은
늘 새로움 속에
많은 기대와 설렘으로
마음 한껏 부풉니다.

가장 역동적인 계절의
매일 매일 변화하는
산과 들의 모습은
가슴 벅찬 함성 속에
새 계절의 설렘으로
봄이 행진을 합니다.

계절 따라 흐르는 행복의 시

권경아 (문학평론가)

이보영의 첫 시집 『가까이 못 가서 미안합니다』는 행복으로 가득하다. 계절을 따라 흐르는 시간 속에 추억이 서려 있고 그리움이 묻어난다. 이러한 계절을 따라 흐르는 심상의 중심에는 행복이 있다. 기원전의 철학자이자 시인인 세네카는 행복의 제1조건은 재산이나 명예, 쾌락이 아니고 정신(靈魂)의 건전성이라 주장(『세네카의 행복론』)한다. 세네카는 행복은 무엇으로 이루어지며 어떻게 구할 수 있는지 논의하는 글을 통해 행복한 삶의 조건과 방법을 이야기하고 있다. 이천 년 전부터 현재까지 변함없이 인간이 추구하는 '행복'이란 무엇인가. 우리의 외부적인 풍요나 지위에 의존하지 않고, 내면적인 평화와 만족을 찾아야 한다고 말하는 세네카의 의하면 정신, 영혼의 건전성, 즉 내면의 상태가 인간의 행복과 밀접하게 관련되어 있다. 비록 외적인 것은 바꿀 수 없다고 하더라도 내면의 상태가 건강하다면, 외적인 것이 우리에게 절대 해를 끼칠 수 없다는 것이다. 또한 세네카는 미덕을 추구하며 자연에 맞게 사는 데 행복이 있다는 스토아 철학에서 답을 구하고 있다. 이런 맥락에서 계절의 흐름을 따라 그려진 이보영의 '행복의 시'는 자연을 따라 흐르는 '건강한 영혼의 노래'라 할 수 있다.

1
늘 좋은 마음으로
세상을 살고 싶다
모든 것 맘에 담고
더 멋진 삶을 위해
베풀며 행복하자

2
늘 함께 웃음 속에
세상을 살고 싶다
온갖 것 이해하며
내일의 행복 위해
나누며 축복하자

–「좋은 마음」 전문

이 시집에 가득한 행복의 이미지는 행복한 현재의 시간이며 동시에 소망하는 내일의 시간이다. "늘 좋은 마음으로 세상을 살고 싶"은 시인의 소망이며 "늘 함께 웃음 속에 세상을 살고 싶"은 시인의 바람이다. 이러한 행복한 오늘과 내일은 "베풀며" "나누며" 함께 살아가는 삶 속에 있음은 물론이다.

"지난날 잊혀졌던 아름다운 꿈 속의 그날들"(「하이얀 마음」)은 여전히 그리움 속에 남아있다. 꿈 속의 아름다운 그날들은 "든든한 인생되어" 마음에 하이얀 눈을 내리고, 그리움의 하얀 눈이 내린 세상은 밝아 "행복함이 가득"한 것이다. 시인은 이러한 그리움의 하얀 눈을 또한 "내 인생 행복 속에 기쁨의 눈"이 내린다고 노래하고 있다. 이 그리움 속에는 "행복한 이야기 꽃 피"(「옛 생각」)우던 옛 기억이 있으며, "모든 것을 품고 채워주는 가고 싶은 정든 내 고향"(「고향」)이 있다. 평생 잊지 못하는 "추억과 기쁨 행복의 덩어리" 고향이다. 또한 주리고 없는 이웃들이 "행복 속에 살"(「이웃 사랑」)기를 바라는 기도가 있다.

아픔 이겨낸 그날처럼
다시 힘 얻은 날이
언제나 오늘이었으면 좋겠네요

장마 걷힌 멋진 하늘처럼
새로움과 도전이 언제나 오늘이었으면 좋겠네요

가을 낙엽이 딩굴림처럼
흘러간 세월이

언제나 오늘이었으면 좋겠네요

엄동설한 이겨낸 날처럼
걱정 없는 행복이
언제나 오늘이었으면 좋겠네요

-「언제나 오늘이었으면」 전문

아픔과 걱정없는 삶이 어디있겠는가. 아픔은 이겨내고 다시 힘을 얻는다. 장마가 지나면 멋진 하늘이 펼쳐지는 것과 같이, 엄동설한 추운 겨울날을 이겨내면 따뜻한 봄이 오듯 "새로움과 도전"은 그렇게 반복되는 것이다. 시인은 이러한 반복 속에 모든 아픔과 걱정을 이겨 만들어낸 '오늘'의 '행복'을 주목하고 있다. 언제나 오늘이었으면 바라는 시인의 시선은 늘 '행복'에 있는 것이다.

아픔과 걱정을 이겨낸 행복한 오늘을 꿈꾸는 '건강한' 시인의 영혼은 자연의 흐름을 따라가고 있다. 계절의 흐름을 따라 자연을 느끼고 호흡하며 모든 계절의 변화 속에서도 시인은 '행복'을 읽어낸다.

하얀 눈이 쌓이는 들판
육각형 결정이 펄펄 춤을 춘다.

온 산천 흰옷으로 갈아입고
삭풍이 몰아치는 겨울밤
나뭇가지 사정없이 흔들린다.

은막에 덮인 들녘
얼음 밑 흐르는 봄의 소리
고즈넉이 눈오는 밤
강물 흘러 머물 곳 찾아
말없이 흘러간다.

—「겨울꽃」 전문

하얀 눈이 들판에 쌓여 들녘은 은막으로 덮여있다. 눈이 펄펄 내리면 온 산천은 흰옷으로 갈아입고 "삭풍이 몰아치는 겨울밤"에는 사정없이 나뭇가지가 흔들린다. 겨울꽃이 가득 피었다. 한겨울의 얼음 밑에는 그래도 "봄의 소리"가 흐르고 있다는 것. "삭풍이 몰아치는" 겨울이라해도 시인에게 겨울은 "어둠과 절망"(「겨울 눈꽃이 피다」)만은 아니라는 것을 주목해야 한다.

선자령 굽이굽이
온 산 눈 덮힌

나뭇가지마다
소담하게 핀 꽃이

서로 경쟁하듯 아름답게
꽃단장 뽐내며

세상을 꽃피울 때
어둠과 절망도 사라지고

환희의 합창으로
더없이 행복한 기쁨의 꽃.

-「겨울 눈꽃이 피다」 전문

"나뭇가지마다 소담하게 핀 꽃" 눈꽃이 피었다. "서로 경쟁하듯 아름답게 꽃단장"한 세계. 이 세상을 꽃피울 때는 "어둠과 절망도 사라"진다. "환희의 합창"이 울려퍼지는 것이다. 시인은 겨울 눈꽃을 "더없이 행복한 기쁨의 꽃"이라 말하고 있다. 또한 이 세상은 "작은 오해"로 인해 한겨울 추위에 산과 강이 얼어붙듯이 "너와 나의 마음 아파 뼈아픈 세상"(「추운 계절」)을 만들어내지만 "넓은 마음과 뜨거움 가득 채워" "일찍이 없던 사랑"과 "봄 향기"가 가득하게 된다. "무지개빛 행복", 봄이 다가오고 있는 것이다.

새 계절이 오고 있다

겨울마저 붙잡을 듯
산골짜기 눈꽃 속에
나뭇가지마다
꽃망울 터뜨리는
봄꽃들

노랑, 분홍색으로
한껏 부풀어 입은
새색시 옷깃과 마음에
봄이 퍼지네

–「계절의 흐름」 전문

계절이 흐르고 있다. 새로운 계절이 오고 있는 것이다. 산골짜기에 핀 눈꽃 속에서도 나뭇가지마다 "꽃망울을 터뜨리는 봄꽃들"이 하나둘씩 나타나기 시작한다. 개나리와 진달래의 노랑, 분홍빛이 한껏 부풀어 새색시의 옷깃과 마음에 봄이 퍼지고 있다. "만물이 소생하고 새로움을 시작하는 설레이는 계절"(「새 계절」) 봄이다. "아름다운 대자연의 향기"는 대지를 가득 채우고 새로운 세상이 열린다. 시인은 새로운 계절, 봄을 "빛나는 별들 동화의 세계"라 말하고 있다. 또한 봄의 아침은 "내일의 생명이 약동하는 새 하루"(「봄의 아침」) 시작이며 "행복한 계곡물 연주에 영롱한" 시간이다.

엄동과 침묵의 터널을
건너온 거지
찬바람을
이겨낸 승리의 모습
저마다
온 힘 다하여
생명이 살아있음을
알리며

아픔과 응달의 세월을
지나온 쾌거는
이제, 온 세상 봄꽃들로
은은한 향기를 선물한다.

－「새 생명」 전문

봄은 강한 추위와 긴 침묵의 터널을 건너 찬바람을 이겨낸 승리이다. 저마다 "살아있음"을 "온 힘 다하여" 알리고 있는 봄은 "아픔과 응달의 세월을 지나온 쾌거"이기도 하다. 온 세상 봄꽃들로 피어나 "은은한 향기를 선물"한다.

봄을 알리는 계절의
변화는 만물의 소생과
온 자연의 움틈은
늘 새로움 속에
많은 기대와 설렘으로
마음 한껏 부풉니다.

가장 역동적인 계절의
매일 매일
변화하는
산과 들의 모습은
가슴 벅찬 함성 속에
새 계절의 설렘으로
봄이 행진을 합니다.

－「향연」 전문

봄이 행진하고 있다. "만물의 소생"과 "온 자연의 움틈"은 항상 새로움 속에서 "기대와 설렘"으로 우리의 마음을 한껏 부풀게 한다.

봄이 절정을 지나며 아카시아의 "상큼한 향기가 온 동네에 가득"(「아카시아」)하고 "멋진 희망의 꿈"을 키운다. 또한 "5월의 라일락"(「라일락의 계절」) 그 달콤한 향기에 "보랏빛 편지 가득한 아련"한 "지난날의 추억"에도 빠져본다. 아카시아 향기는 천리향이 되어 그윽한 향기를 풍긴다. "행복을 만끽"(「5월의 향기」)하게 하는 5월은 "계절의 여왕"인 것이다. 또한 "녹음이 보다 짙어진"(「6월의 아침」) 6월이 되면 이젠 여름을 향해 간다. "많은 변화와 새로움 가득"한 계절에 "아름다운 추억"이 함께 만들어진다. "생각이 깊어지는 계절", 여름을 향해가는 '시계추'. "새로운 계절의 향기 속에서" 또다시 "잊혀진 그림움 피어"나는 것이다.

여름에 찾아온다
그것도 갑자기 부어 내린다.
슬픔과 기쁨 모든 것 잊으라고
하늘이 준 선물
마음마저 시원하게 하네.

불청객은
세찬 힘으로 찾아온다.
응원과 동행의 함성이며
고난과 역경 이겨내라고

허전한 심장이
다시 우뚝 설 수 있다네.

–「소낙비」 전문

봄이 지나고 여름이 찾아온다. "해마다 찾아온 여름"(「행복한 계절」)은 "누구에게나 행복과 낭만을 가득 담아" 우리들의 곁으로 찾아온다. 이 시기는 "항상 낭만이 가득"하다고 시인은 노래한다. 이 시기는 우리의 마음을 들뜨게 하고 기대하게 하며 "행복하게 만드는 것"이 시인은 좋다고 말한다. "누구에게나 힘"이 되는 "기쁨과 행복"이 여름이다.

여름의 불청객 소낙비가 세차게 내린다. 불청객인 듯 하지만 여름 소낙비는 "응원과 동행의 합성"이며 "고난과 역경"을 이겨내라는 "하늘이 준 선물"이다. "허전한 심장"이 다시 우뚝 설 수 있도록 "슬픔과 기쁨" 모든 것을 잊으라는 '하늘의 선물', 이것이 여름 소낙비이다.

집중호우 속에
물찬 장대비 내리더니
번개치고
우레 속에
세상을 삼킨다.

잊혀진 못된 일이
회오리 바람으로
창문을 두드린다.
다짐과 함께
앞으로 잘 살아야지
여러 마음이 마음을 삼키네.

–「천둥」 전문

여름 한창일 때 찾아오는 집중호우에 장대비 내린다. "번개 치고 우레 속에" 세상이 다 삼켜질 듯하다. "잊혀진 못된 일"이 회오리 바람이 되어 천둥과 함께 창문을 두드리고 "앞으로 잘 살아야"겠다는 다짐이 마음 속에 생겨난다.

시인은 한 여름에 "낭만적인 꿈"(「한 여름에」)을 꾼다. 뜨거운 날 청량계곡에 발을 담그고 "모든 것이 순수했"던 흘러간 날들을 생각한다. "아름다움에 희열", "행복의 덩어리" 여름이다. 이 여름 앞에서 시인은 "더 밝고 아름다운 일들만" 가득 채워지기를, "복된 삶의 의미"로 충만하기를 바라는 "낭만적인 꿈"을 꾸는 것이다. 밝고 아름다운, '건강한 영혼'을 지닌 시인의 노래이다.

가을이 무르익어 가는

요즘이 너무 멋지네요
그 멋짐이 또 하나의 추억
되어 마음에 새깁니다.
오늘따라 이곳 하늘이
다른 하늘 같이 느껴지네요
가을이 모든 것을 아름답게
보게하고 구하게 만드네요

내 가슴에 보석되어
영원한 추억으로 남는다.
모든 것을
아름답게 바라보게 하고
귀하게 만든다
오늘따라 그 하늘이
다른 하늘 같이 느껴지네요

–「가을이 오면」 전문

여름 가고 가을이 온다. 봄에 씨를 뿌리고 여름에 땀흘려 가꾼 가을 들녘에는 "황금으로 색칠한 벼"(「풍요로운 계절」)들이 고개를 숙이고 농부들의 손길을 기다린다. 가을이 무르익어 가고 있는 "멋짐이 또 하나의 추억"이 되어 마음에 새겨진다. "감나무 열매 주렁 주렁 빨갛게"(「풍요로운 계절」) 물들고 그 중 몇은 까치밥이 되어 "새들과 공생"하리라. "모든 것을 아름답게 바라보게 하고 구하게 만"드는 가을이다.

코스모스 하늘 하늘 춤을 춘다
새들의 합창 소리 풍요로운 가을
천고마비의 계절 풍요의 만추
온 산 붉은 단풍잎으로 타들어 간다.

들녘의 고개 숙인 벼들의 자태
꽃들도 넘실 넘실 춤을 추며
형형색색 아름다움의 계절
결실을 우리한테 즐거움 반겨준다.

–「만추」 전문

코스모스가 하늘하늘 춤을 추고 새들의 합창 소리가 풍요로운 가을, 결실의 가을은 우리에게 즐거움을 안겨준다. "온 산 붉은 단풍잎으로 타들어 가"는 "형형색색 아름다움"과 "들녘의 고개 숙인 벼들의 자태"는 풍요롭다.

계절의 흐름을 따라 그려진 이보영의 '행복의 시'는 자연을 따라 흐르는 '건강한 영혼의 노래'이다. 시인이 노래하는 행복은 내면의 평화와 만족을 배경으로 하고 있다. 자연의 흐름에 따라 빚어지는 아름다움을 느끼고 행복을 노래함으로써 행복을 추구하는 시. 이보영의 '행복의 시'는 행복의 향기가 되어 세상을 향해 널리 퍼져나가고 있다. 험한 세상인 듯하지만 아직은 끝이 아니라고 시인은 이야기한다. "믿음의 형제들"이 "빛과 소금"(「기다리는 마음」)이 되어 시인에게 힘이 되듯 이보영 시인의 시는 험한 세상 살아가는 우리에게 "빛과 소금"이 되어 '행복의 향기'를 전하고 있다. 그의 '건강한 영혼의 노래'가 우리의 삶을 풍요롭고 아름다운 행복으로 물들이기를 기대한다.

시현실 시인선 018

"가까이 못 가서 미안합니다"

초판 1쇄 발행 | 2024년 8월 22일

지은이 | 이보영
발행인 | 원탁희
발행처 | 도서출판 예맥
등록번호 | 서울 바 02915
등록일 | 1999년 5월 21일

주소 07581 서울특별시 강서구 강서로 68길 36 상가 206호
전화 02 · 2658 · 6465
E-mail ymbook@naver.com

10,000원
ISBN 978-89-91411-67-8 03810